FINUTILITÉ

3/12/11

Pour Liam
amitié

Dario

Ce livre est une œuvre littéraire qui représente l'expression artistique de l'auteur. Toute ressemblance avec des faits ou personnages existants ne serait que pure coïncidence.

Les Éditions des Plaines remercient le Conseil des Arts du Canada et le Conseil des Arts du Manitoba du soutien accordé dans le cadre des subventions globales aux éditeurs et reconnaissent l'aide financière du gouvernement du Canada par l'entremise du Fonds du livre du Canada et du ministère de la Culture, Patrimoine et Tourisme du Manitoba, pour leurs activités d'édition.

Catalogage avant publication de Bibliothèque et Archives Canada

Lavoie, Daniel
Finutilité / Daniel Lavoie.

ISBN 978-2-89611-099-5

I. Titre.

PS8623.A8366F56 2011 C844'.6 C2011-906642-4

Dépôt légal, 2011 :
Bibliothèque nationale du Canada, Bibliothèque nationale du Québec
et Bibliothèque provinciale du Manitoba.
Éditions des Plaines
C.P. 123 Saint-Boniface (Manitoba) Canada R2H 3B4

Tél. : 204 235 0078 • admin@plaines.mb.ca • www.plaines.ca

Mise en page : Gianni Caccia
Édition : Huguette Le Gall • Production : Joanne Therrien
Révision : Brigitte Girardin, Pierrette Blais, Paul Savoie

Imprimé au Canada par Friesens Corporation

DANIEL LAVOIE

FINUTILITÉ

Essai

PLAINES

Avant-propos

Ces textes sont-ils antérieurs à leur présentation en scène, ou vice versa? Je ne sais. Mais ils présentaient, ont présenté, les chansons lors de ma dernière série de concerts. Je les appelais « amuse-gueules ».

Un jour je me suis mis à les écrire, j'y ai pris goût, et je n'ai plus arrêté. Et voilà ce recueil.

En prose ou en poésie, ces textes sont faits pour être lus à voix haute.

la finutilité m’habite

La futilité m’habite, la conscience de l’inutile, qu’utile est inutile. La finutilité m’habite car je sais maintenant que rien est tout, et que tout est presque rien. Un micropoint avant le big bang, quand l’univers était un minuscule peut-être.

Pourquoi ceci me diras-tu? Pour la poésie du futile, la beauté de l’éphémère, la tristesse infinie; pour la beauté infinie de la tristesse. Pour moi pour toi qui sommes à la fois rien, à la fois tout. Pour toi et moi qui le sommes, l’instant de l’être.

chutttt

Ici tout est silence. Tout fait à peu près rien.
Même la neige a cessé de tomber.

Les plantes dorment, les voisins aussi.

Le cheval mange son foin, le nez dedans,
sans bruit. Un long bout de son sexe pend,
dans l'air glacial, on dirait, insensible.

un arbre

Si un arbre s'éloigne d'où il est né, c'est qu'il est mort.
Sinon il est là, hiver, printemps, été, automne, là.
Son bout de terre, intime.

Je connais des arbres très vieux.
J'arrête parfois pour les saluer. Il y a une présence
dans les très vieux arbres qui défie le ridicule.

Dans une forêt, les arbres se connaissent.
Leurs racines s'entrecroisent et ils passent beaucoup
de temps ensemble.

S'il est vrai que le battement d'ailes d'un papillon
en Chine peut déclencher un ouragan aux Caraïbes,
qu'en est-il d'un vieil arbre qui tombe, lourdement,
parmi les siens?

Une avalanche sur la lune?

musée

Là-haut sur l'étagère, tous ces bocaux contiennent des chants d'oiseaux. Plus bas, dans les grandes jarres, les hennissements terrifiants de chevaux de guerre et le tintamarre des armes d'acier. Juste à côté, les petits paquets, bien attachés, le courage fou des hommes qui menaient en hurlant, ces grandes chevauchées.

Les jolies boites de bois, là, sont pleines de nuits d'été, de grillons et de vents chauds, et même, du parfum des rosiers.

Le grand panier est presque plein des bouts de bois, des fils de fer, qui retenaient les os et les viscères, les cœurs séchés, les petites vis et les écrous des rêves des hommes, leurs vies blessées.

Ici, une bouteille de berceuses et là, sous vide, des pas, des cris, et même des mots d'amour, je crois, de cette courge à pattes, la seule d'ailleurs qu'on ait trouvée, qui savait rire et puis chanter, pour ensuite se morfondre complètement quand le soleil changeait, seulement un peu, l'intensité des ombres.

l’assassin gentilhomme

Je me demande parfois si j’ai des morts sur la conscience. Depuis une semaine les nuages passent comme des escadrons nazis et, parfois il pleut. Les gens dans la rue ont un air à peu près normal. On voit à peine la vérité sur leur visage.

Vers 18 heures, une quantité étonnante de mères célibataires épuisées rentrent avec des enfants et des paquets et des courses. Après le repas, les études et les bains, elles laveront le linge et feront du ménage.

J’ai des amis, très riches, qui se tapent trois galas de charité par semaine. Cela apaise sans doute leur malaise existentiel. Il n’est pas facile d’être riche quand tant de gens sont pauvres.

Et comment veux-tu que j’aie tout ce que j’ai, sans avoir tué quelqu’un?

section b mol

Elle l'a quitté dans un parking de trois étages rempli de voitures grises, de voitures bleues. Elle portait ce jour-là sa jolie robe de camouflage, une robe parfaite pour celles qui ont en tête de dire adieu.

Il l'a perdue dans la section b mol au deuxième sous-sol quand celle qui devait être l'amour de sa vie s'est enfuie, disparaissant parmi les voitures silencieuses et apathiques.

Il l'a appelée et suppliée, mais elle ne s'est à aucun moment retournée pour un dernier regard sur cet affolé, ce doux jaloux, cette chose pathétique à genoux. Plus tard il a pensé porter plainte pour violente atteinte au cœur d'un grand blessé.

Y a-t-il plus triste au monde que deux ex-amants fous, qui capitulent au besoin de se faire autant de mal qu'ils avaient cru toujours se faire du bien?

regardez-moi

Je suis une goutte d'eau, sur le point de tomber dans l'infini, sans angoisses, sans attentes, parfaitement libre.

Ma vie est légère et transparente.

Juste un peu de lumière et je n'ai aucun poids.

Regardez-moi, je suis à peine là...

chaos

Un million de singes sur Word ne donneront jamais l'œuvre de Platon.

Un million d'années d'humanité donneront par contre Platon.

L'un est impossible et l'autre, inévitable.

Pas le jour la minute ni l'heure, mais, dans le chaos des atomes et des molécules, Shakespeare!

un projet fou

Un très touchant et noble geste que de s'immoler pour protester contre la destruction de la beauté du monde. Elle s'appelle Huguette, et elle projette un projet fou.

Voilà. L'absurde est là, en grande forme.
Place Jacques-Cartier, il y a le bidon d'essence.
Une épreuve cruelle pour celle qui est sans péché.
Ce qui embête, c'est la beauté, qui ce jour-là, était présente et pas particulièrement dérangée.

La beauté triste des petites graisses de la poétesse, s'écoulait sur les pavés de la place.

Ce jour-là, Piazzola faisait pleurer Buenos Aires,
Antonio Carlos Jobim découvrait un grand trésor.

La beauté est souvent dure, et parfois même austère, comme la matière d'où elle nous vient.

dog chien dog

Dites-moi : les chiens, pensez-vous qu'ils rient? Quand on pense qu'ils sont pris pour observer de près toutes nos putasseries, il me semble que sinon ce serait beaucoup de plaisir perdu.

Je crois pourtant qu'ils s'en foutent complètement. La preuve : combien de chiens voit-on dormir paisiblement pendant que les maîtres s'engueulent dans la cuisine?

J'ai porté ma vieille chienne chez le vétérinaire. Celle qui a vu et entendu tant de choses sans jamais les commenter. Sur la grande table en inox de la clinique, je la sentais anxieuse au fond de sa douleur. J'ai posé mes mains sur son vieux corps brisé et je l'ai sentie se calmer. Le peu de queue qui arrivait encore à bouger a fait deux trois petits coups avant de s'arrêter, enfin...

géologie

Sept milliards de bouches à nourrir.

Sept milliards de rêves à réaliser.

Cela prendra beaucoup de bois, immensément d'acier.
Il faudrait légiférer sur le droit de se réaliser.

Soyons logiques, quelques rêves se réalisent certes,
mais la plupart sont oubliés. Trop peu de gens ont
des valises pour même penser de voyager.

science-fiction

Cette nuit-là, sur une longue autoroute qui commençait dans une ville où il y avait des humains, qui se rendait ensuite directement dans une autre ville, où il y avait encore des humains, une voiture filait.

Ce chemin de béton qui montait et tournait et descendait, montait, tournait et descendait sur des montagnes anciennes. Des montagnes si vieilles qu'il ne restait d'un terrible massif de pierre, que ces petites collines et ces gentilles vallées.

Sur la chaîne puissante de la voiture grise, une pièce de Miles Davis laissait tomber des notes, ici et là sur les kilomètres noirs de nuit qui s'estompaient dans les brumes de la planète terre...

go gnome

Je me sens étonnamment léger aujourd'hui, bien assis dans ma chaise au soleil. Je sens les photons qui cognent sur ma peau. Des milliards et des milliards de petites particules qui rebondissent en y laissant des éclats minuscules de lumière chaude.

Et je me transforme lentement en gnome.
Le sourire et le regard pétrifiés.
Et derrière ce regard énigmatique,
un préjugé, un parti pris pour la beauté.

pyrosophe

J'ai mis la semaine au feu, feuille par feuille.
Sourires, horreurs, nécrologies, au feu!

Tous les regards anxieux de ceux qui souhaitent,
de ceux qui craignent la première page, au feu!

Toute la souffrance d'Afrique, d'Iraq,
celle des ruelles du bidonville, au feu!

Tous les nouveaux curés et les critères et les canons
de la beauté et la bêtise du monde entier; j'ai tout
réduit en cendres. Les drames, les mélodrames,
pour lesquels chaque jour des milliers de sapins
doivent rendre l'âme à l'autel du crétin, au feu!

Les méchants et les gentils, au feu! Les gagnants
et les perdants, au feu! Brûlés, vidés et nettoyés.
Il n'en est rien mais rien resté; le passé vidé jeté;
et le futur ouvert, comme l'autoroute là-bas,
à quatre heures du matin, quand tous ces
connards ronflent.

jean-pierre

Ah, te voilà mon né pour un p'tit pain Jean-Pierre. À peine si t'as connu ton père, Jean-Pierre, mais heureusement il y avait ta mère.

As-tu déjà rêvé d'être ailleurs qu'en arrière mon cher né pour un p'tit pain, Jean-Pierre? As-tu déjà eu un autre travail qu'un job au minimum salaire, Jean-Pierre? Pas facile de faire partie des maudits de la terre. Tu le dis toi-même : si Dieu est mort, il nous a quand même laissé l'enfer, calvaire.

Mais tu auras beau dire : pas *fair*, pas *fair*, on vendra pas ta peau plus chère et, oui c'est injuste, mais c'est pas moi qui la gère, cette foutue galère. Moi aussi ça me fait de la peine Jean-Pierre. Je suis à peine plus chanceux que toi dans l'univers et mes mots, comme les tiens, ne font pas beaucoup de bruit dans l'air.

Et c'est certain que tu peux partir en guerre, mais tu sais que ce sera encore pire pour tes enfants, hein Jean-Pierre? Alors ta meilleure chance est de fermer ta gueule, Jean-Pierre, et de t'y faire à ton statut de poussière, calvaire...

rime en deux temps

Au loin la voiture file. Elle emporte avec elle son petit vent personnel et trace un long trait doux dans le silence du matin immobile.

Il y a des endroits où le tonnerre des armes n'a jamais troublé la paix. On y meurt sans peine et sans regret, après une longue vie paisible et tranquille.

muer

Je crains que petit à petit je ne devienne un vieux con. J'ai vraiment tout fait pour l'éviter mais, ça vient, malgré.

Et comme dans tout, il y a des degrés; du tout petit vieux con au très très gros vieux con. Les très énormes cons le sont à la naissance, pas de chance, et on les reconnaît déjà à l'adolescence, tiens, lui.

Mais on le devient tous, inexorablement, sans vraiment pouvoir y échapper. Un jour on s'ouvre la bouche pour dire quelque chose et soudain, ça nous frappe, merde, je le suis devenu, un peu comme... pour la mue.

tout se conte

Quand le vent souffle très fort, les pommes tombent. Le vent, nous le savons, est un courant dans l'air qui ressemble à s'y méprendre à un courant dans un liquide. Beaucoup de molécules y coulent et s'y bousculent et il en faut effectivement beaucoup pour déloger une grosse pomme mûre. Le nombre exact dépend évidemment, de la pomme.

Vous l'aurez compris, tout se compte; une pomme, un œil, un regard, un rendez-vous en retard, et toutes ces choses par milliards qui sont la vie. Les gouttes de pluie, les larmes, après une tragédie, et tous ces pas que j'ai pu faire pour me rendre jusqu'à Paris.

pipi

Le jaune c'est comme le blanc. Ce n'est pas une vraie couleur. Au mieux un état d'âme ou un langage, ou même, le début d'un weekend!

Le jaune n'est pas une couleur franche, ni une couleur honnête. Qui, ici, oserait croire le jaune quand il sourit à pleines dents et vous propose une petite escapade dans un endroit douteux.

Le jaune pervers vous veut du mal. Son camouflage est trop parfait. Et s'il vous donne l'envie de rire, prenez garde! C'est un faux jeton. Un bâton dans les jambes, un équilibriste de l'absurde.

Il abandonne ses victimes entre les lignes.

oh! le joli cul

Le sexe est dans toutes les photos. Son odeur est partout. Les romantiques diront amour, mais, bien avant l'amour, il y avait le sexe. Darwin lui-même le dit, ce n'est pas le plus fort qui remporte la bataille, mais bien le plus fécond.

Tu vois le banquier là-bas, sexe. Les politiciens l'ont toujours tatoué sur le front, sexe, sexe. Les curés et leurs acolytes, du premier au dernier, sexe.

La vie s'en moque. Tout ce qu'elle veut c'est *phoque, phoque*, *phoque*. Beaucoup d'enfants, beaucoup, beaucoup. Des forts, des durs, des mous, la vie s'en fout. Ce qu'elle veut avant tout, c'est beaucoup, beaucoup!

Il en sortira Bach, Einstein et vous, et oui toi, oui vous.

Plus il y en a, plus il se passe de choses, et c'est bien pour cela que la vie nous impose : le sexe…

les seins

Il y a des bouts de femmes nues, partout dans Paris;
des seins, des fesses, des cuisses, en couleurs,
sur des images grandes comme un mur.

Les hommes se disent : Tiens, voilà des seins.

Les femmes se disent : Mais qu'est-ce que ces seins?

Et il y en a une qui se dit : Tiens voilà mes seins.

Elle voit ses seins, accrochés dans la rue. Personne ne sait que ce sont les siens, mais ils sont si jolis qu'elle a un peu envie de dire : Vous voyez ces seins? Eh bien! Ce sont les miens.

play chicken

J'ai donné le coup fort, et le bras ferme, la volonté dirigée, direct, sans hésiter. Il ne faut pas se retenir ici. Une fois la décision prise, il faut y aller.

La tête est restée sur la bûche. La poule a agité les ailes, est partie en courant pissant son sang sur tout, pour se venger ou juste pour faire comme dans la métaphore, pareil, une poule sans tête.

Ma voisine un peu malade, me le demande et, noblesse de voisin oblige, je deviens bourreau.

Il est facile de tuer une mouche. À peine une vaguelette de trouble existentiel; mais, une vieille poule, qui s'appelait Gertrude et qui venait gober les vers dans mes parterres quand je bêchais dans les soleils de mai...

J'ai hésité, au fond du cœur, mais mon bras n'a pas laissé tomber Gertrude, expédiée d'un coup précis et sans douleur, au paradis des poules.

rire

Qui saura rire quand tous les dictionnaires auront changé, sans nous le dire, le sens des mots? Des mots comme : demain ou amour, toi ou moi, chien ou catapulte.

Qui saura encore juste sourire devant la bouche béante de la vérité, avec ses longs crocs jaunes d'où coule le sang de mille générations.

Qui saura rire, mais vraiment rire, jusqu'à la fin du solo d'harmonica?

l’hirondelle la mouche et le jardinier

Une hirondelle poursuit une mouche dans l’air tendre d’avril. Toutes deux sont virtuoses du coup d’aile. Mais la mouche est trop confiante et soudain elle se dit : Mais bordel, il vient d’où ce tunnel?

Tout en bas, vers la rivière, je gratouille dans les platebandes de fleurs, complètement inconscient du drame qui se joue juste au-dessus de ma tête, au niveau des bourgeons des pins. Déjà vingt ans que je les ai plantés.

Je ne compte pas les saisons, mais les arbres me les rappellent, avec une nouvelle étoile de branches, un été, un hiver, une année. Une nouvelle variété de tomates qui nous fera ses petites feuilles tendres, puis une belle plante sexuée avec des fleurs, des fruits rouges et ronds et qui, en fin de septembre, sera déjà une vieille chose, recroquevillée dans le parterre silencieux, après les premières gelées.

pavane

Un crapaud aux aguets, gris sur noir sur le trottoir, écoute la brise, son long soupir de serpent qui se glisse dans les aiguilles du pin. Des pivoines blanches, riches d'un parfum lourd comme la Russie, hochent la tête, très lentement, dans l'air qui bouge.

Voilà les criquets et, encore ce crapaud, sa longue langue de panthère grise du gazon qui surprend une proie facile, et l'avale sans mâcher.

Soudain minuit, ululement dans les grands ormes. Le hibou fait silence et les rainettes se taisent.

Et voilà qu'elle arrive. Voilà enfin qu'elle passe, majestueuse et lente, la grande pavane des petites âmes, remontant vers la lune. Tous ces morts, attrapés d'abord, puis croqués, avalés.

En longue procession de nuit d'été, ils partent au paradis, là-bas, au fond des herbes longues.

probablement rien

Sur la route, il y a la tempête, j'écoute le hockey. Le Canadien perd. Rien.

Un jet privé dans le ciel et deux grandes stars propres, parfumées boivent quelques verres d'un cognac rare avant de baiser au-dessus du Nebraska pour ensuite s'engueuler sous les étoiles de l'Illinois. Vraiment rien.

Une vieille dame à Ramala n'arrive pas à dormir. Son fils, l'héritier, son seul garçon, son fils est mort, hier, attaché à une bombe. Rien.

Une autre mère, cette fois en Afrique, avec ses petits qui mangent à peine depuis des semaines, enflés du ventre et creusés de leurs grands yeux tristes, si tristes que seule une mère peut encore les aimer. Évidemment rien.

J'arrive enfin à la maison, chaude, dans la nuit froide. Je me réchauffe d'un potage et de trempettes avec du vieux pain. Presque rien.

Je me couche, regarde le plafond et ce qu'il me reste de la journée et je me dis : Bof... rien.

Deux jeunes hommes de Longueuil, sont les cibles d'un tir fourni, et de calibre lourd, dans les chemins périlleux de leur aventure afghane. La chance est avec eux, ils s'en tirent. Rien.

le king

Après une longue journée de bataille, griffes et couteaux tirés, revenant meurtri et fatigué de ses conquêtes, le roi appelait très fort son royal quatuor.

Jouez-moi ce morceau admirable, disait-il, si gentiment que personne ne pouvait deviner le sang qui lui séchait sur les mains.

Alors les musiciens s'accordaient soigneusement, le mitrailleur et le mortier, aiguisant leurs archets, ajustant les poudres, pour lancer aussitôt les fantassins du grand retour, subtils, violents et dangereux. Une cavalerie ahurissante qui déboulait et enflammait la pièce jusqu'à ce passage tant admiré et attendu, où le violon imitait si bien le sifflement d'une balle, que tous baissaient la tête.

Cela faisait rire chaque fois le roi. Ensuite, il s'endormait, devenant une proie facile pour les assassins et les égorgeurs. Pourtant personne ne l'égorgeait. Ils aimaient trop le craindre.

l'enfer

Car je sais bien que le nombre de jours alloués
à chaque passager ici est strictement défini; et ceux
que le client perd, à visiter trop souvent l'enfer,
sont inclus dans le décompte, et pour le même prix.

l'âme de la matière

L'âme écrit que dans mille ans on ne fera plus l'amour. L'âme écrit que dans mille ans on trouvera l'équation de l'âme. L'âme ne sait rien. L'âme écrit n'importe quoi.

L'âme n'est qu'un phénomène de la matière, une équation comme les autres. Pourtant l'âme écrit que dans mille ans il restera très peu d'aujourd'hui : la poussière d'un livre, la note d'une chanson, le fondu au noir d'un film.

L'âme écrit que dans mille ans la matière se transformera toujours en âme et que l'âme de la matière sera l'âme.

je t'aiiiiimme!

Tu t'arrachais la peau par petits bouts, et puis, d'écorchures en déchirants lambeaux, tu disais : Écoute-moi, regarde-moi, ne vois-tu pas combien tout ceci me fait mal?

Tu me poussais vers la porte en me disant : Reste.

Tu me poussais vers la porte en criant :
Reviens salaud!

la cuisine

Ici le plancher crie, les chaises se plaignent,
la porte grince, les fenêtres protestent quand on les ouvre. Le robinet hurle en coulant, la rue ronronne en arrière-plan, les voisins de droite s'engueulent et l'artiste d'en haut joue du piano.

Étrange. Aujourd'hui, quand je suis arrivé, la porte n'a pas grincé, le plancher dormait, les voisins étaient partis pour la semaine. La rue rêvait,
un drôle de calme. Pas de piano, juste un silence compact et presque dense.

Il arrivera le regard franc, sans t'avertir.
Tu ne pourras que le suivre.

en chêne

C'était un chêne, de cent cinquante ans, immense et droit mais presque mort. La maladie des chênes. Il fallait l'abattre.

Ils étaient cinq ouvriers avec leurs pelles et leurs scies, sourires béats; le plaisir bien évident d'abattre un géant.

Les bûcherons et les bouchers, tous les jours, tuent et tuent encore. La mort c'est leur vie, de couteaux et de scies, leur vie c'est la mort.

Il est tombé, comme un roi qui s'incline, majestueux jusqu'au sol. La terre a tremblé et puis, le silence. Les sourires béats partis, devant ce grand vide dans le ciel.

le silence et la jolie femme

La jolie femme croise les jambes, lentement.
Quelques hommes font mine de rien, comme s'ils
attendaient quelqu'un et, imperceptiblement,
la musique redevient audible.

Plus tard, quand elle secoue sa lourde chevelure,
voilà que quelqu'un remarque des taches sur le
tapis, du sang peut-être sur le mur, qui sait.

Ceux qui viennent ici se cherchent, dit-il, et ce
qu'ils trouvent les laisse souvent perplexes.

Il devrait le savoir. Il est ici tous les soirs.
Ici c'est sa famille, son bruit familier. Il y raconte
des histoires que personne ne peut vérifier.

mes petits rendez-vous

La chanson est déjà là. Elle attend. Elle attend et me semble anxieuse. Elle sait très bien que si je n'arrive pas, elle pourrait rester là, ici, nulle part, pour l'éternité.

Écoutez le tintamarre des âmes par milliards, qui ne seront jamais. Tous ces esprits grappillant à la porte, et qui n'ont ni les os pour marcher, ni même les mots pour supplier.

Ma chanson se lève. Elle est un peu plus longue que les autres, je ne choisis pas. C'est elle, c'est tout. Bon, arrive; voyons un peu de quoi tu as l'air sur une page; déshabille-toi et couche-toi là...

vertige

J'ai, ce matin, une petite lampe. Elle fait un rond de lumière sur la table de bois. Un peu de lumière et après, tout autour, l'immense noirceur de l'univers, qui arrive jusqu'ici, sur la table, dans ma cuisine.

fait divers

L'unité de monnaie c'est le Big Mac.

Les outils de choix sont le iPhone et la Kalachnikov.

La chaussure est une Nike et le transport est Toyota.

Il n'est pas rare d'apercevoir des sbires armés de leur Kalachnikov, en baskets Nike, parlant dans leur iPhone et juchés dans la boite d'un camion Toyota en train de manger un Big Mac après un viol collectif ou un massacre.

tea for two

Un effleurement de lèvres. Un baiser mondain et, par accident, deux bouches se touchent, à peine. Un courant passe. Elles s'éloignent sans dire un mot. Étonnées, heureuses de laisser flotter encore quelques moments, l'ambiguïté.

coca chaos là

Les humains sont des petits chaos ordinaires.

Le chaos est un laboratoire, la table de travail de l'univers.

petit cachotier va!

Tout moi est là dans ce bagage mou que je trimbale derrière mes yeux entre mes oreilles.

Les mots ne rendent que l'ombre, l'écho, la rumeur, de ce fouillis de synapses qui pétaradent dans le silence moelleux et rouge et noir de mes méninges blanches. Tout moi, là, dans cette éponge saturée de plasma, de globules.

Entreposés ici et là, au hasard des cellules, les journées, les amis, les chansons. Des gens enterrés depuis des années qui défient leur sort en parlant dans ma tête avec leur voix, la même, l'ancienne. Mes grand-mères, mon enfance, mes vieux oncles, les vacances. Les gourous d'épicerie, une autre époque, un autre pays.

cargo de nuit

Le gros autobus gronde comme un dragon affamé, et file, paquebot d'autoroute, lourd et puant dans sa vilaine mécanique graisseuse qui fait trembler la terre où il passe. La nuit fonce vers une aube incertaine. Là-bas, au bout de ce bitume interminable, est-ce le soleil qui se lève, ou est-ce la lueur de la ville?

Un air de jazz me bitche un amour compliqué dans les oreilles. Je suis le passager qui file, comptant les lampadaires pour s'endormir pendant qu'une pluie grasse se met à tomber et qu'effectivement là-bas, c'était bien la ville.

L'aube ne viendra jamais, la nuit est éternelle. Je le vois bien dans les yeux résignés des autres voyageurs stoïques et tristes et condamnés à des mauvais rêves et des lendemains douteux. Quand enfin nous arrêtons dans un terminus gris qui abrite des fantômes humides, je sors, sans avoir vu celle qui devait m'y rencontrer. Une étrangère m'accroche et me demande si je veux aller faire un tour. Je lui dis non, sans hésiter. Je ne peux pas me permettre un échec de plus.

poids plume

La peur avait envahi le ciel. Elle se cachait dans les plumes des colverts et des hirondelles. La mort, par les oiseaux, se cherchait une porte d'entrée.

Nous étions là, à discuter, quand l'un de nous changea de couleur, poussa un cri et s'effondra. Le terrible virus était arrivé parmi nous. Que faire, où aller, qui blâmer? Nous avons couru, comme des poules sans tête, affolés. L'ennemi était invisible, impossible de se cacher.

Haut dans le ciel, un grand troupeau d'oies repartait vers le sud.

Si nous devons choisir entre les humains et les oiseaux, le choix n'est pas facile, mais nous choisirons presque toujours les oiseaux. Nous avons toujours rêvé de voler.

Il y a trop de monde, on est tous d'accord? Laissons faire la vie. Elle élimine d'abord les faibles et les gentils. Après, il ne reste que les flics et les connards. Ils régleront ça sans pitié, comme ils l'ont toujours fait.

fred

Chopin, à son piano, lui cassait les oreilles.
Il reprenait et reprenait une valse, la même,
depuis des jours, une valse d'à peine une minute.

Frédéric, mais quand feras-tu quelque chose de ta vie? Quelle idée de la passer assis, ainsi, à ce foutu piano? Tu joues, tu joues la nuit, ensuite toute la journée; c'est pas un métier d'homme.

Les hommes construisent, ils vendent, ils imaginent des lois. Les hommes changent le monde, et toi Fredo, comment dis-moi, comment comptes-tu toi,
le changer?

Il n'entend rien, le Fred Chopin, répond à sa manière; une polonaise et dix mille notes qui pétaradent dans la nuit, comme si un bout d'éternité avait gardé cette place ici et juste pour lui, depuis des millions, non, depuis deux cents milliards d'années.

bye bye

Puisqu'il est vrai que nous vivons tous avec notre fin, nous vivons donc avec la fin de tout. Il est aussi vrai qu'avant la cinquantaine, nous pensons plus à vivre qu'à mourir. Il est indiscutable qu'un jour, l'absurdité de notre quête nous frappe de plein fouet. Il est aussi indéniable que, malgré la joie de vivre, l'optimisme ou la force vitale, vieillir est.

Il est prouvé que la déchéance inévitable peut être occultée quelque temps avec des drogues, et que l'attitude que nous avons face à tout cela, nous définit.

Il est de sagesse populaire que la foi aide, surtout ceux qui tremblent devant l'incompréhensible et le néant, cependant, croire aveuglément en un Dieu aimant, et père, n'est pas à la portée de tous.

Donc, ma vieille carcasse, condamnée, décadente et souvent triste, est ma seule source d'amour, ma seule fenêtre sur la beauté du monde; je me la fais comme je veux, quand je veux et autant que je peux; et quand j'aurai épuisé ma réserve de temps, je n'aurai qu'à serrer un peu les dents et disparaître dans la nuit des temps!

juste une question

L'amour, nous l'avons déjà vu, est une sorte de colle naturelle qui permet aux êtres complexes de devenir encore plus compliqués. Cela n'explique pas pour autant la haine et les rebondissements des cœurs, qui s'ouvrent et se referment pour des raisons qui n'ont pas de véritables fondements scientifiques.

aux limites de la matière

J'ai demandé à Dieu de me donner la paix et, dans la journée, la paix me fut donnée. Je lui ai demandé la santé et le bonheur et j'ai eu la santé et le bonheur dans l'heure. J'ai demandé à Dieu pour l'amour de ma vie et tu arrivais, je l'avais à peine dit.

J'ai demandé à Dieu pour une grosse maison et là, je dois dire, ce fut quand même un peu plus long. Je Lui ai demandé pour l'indépendance de fortune. Cette fois, il hésita, comme si je demandais la lune.

La santé, le bonheur, l'amour et la paix. Il y en avait assez, pour tout le monde. Mais les grosses maisons, m'a-t-il expliqué, font partie des choses qu'il faut partager. Et les grandes fortunes, c'est encore plus compliqué, car tout le monde doit alors contribuer pour qu'une seule personne en ait une. Même Dieu doit respecter les limites d'une planète. Les grandes fortunes, m'a-t-il dit, n'ont à peu près jamais demandé son avis.

les bons amis

La machine rugit, crache et gronde. On la croirait en colère tant elle éventre la terre. Elle y arrache d'immenses pierres et les jette dans la benne d'acier d'un camion sale. Quand la benne est pleine il redémarre, grinçant et lourd, avec des éternuements noirs et gras de gaz à effets de serre.

Quatre vieux hommes regardent tranquillement. Ils discutent et commentent les travaux bruyants, bien assis sur de longues vies où il n'y a plus rien à prouver.

Un long trait de lame et la terre redevient lisse. L'opérateur a bientôt terminé sa journée. Vers quatre heures, il coupe le moteur et, dans ce nouveau silence, on entend les vieux hommes qui se saluent et qui repartent vers leurs petits appartements meublés, d'une autre époque.

Demain, s'il pleut, les bons amis joueront au bridge en contant des histoires, en fumant du café.

faites vos jeux

Les fleurs sèchent et disparaissent comme les écrits et, pour cela, n'ont aucune valeur. Éphémères et inutiles. Comme les montagnes qui, toutes hautaines qu'elles soient, retrouvent toujours un jour la plaine.

Les étoiles sont des grandes fleurs, à peine moins éphémères; à jeter, inutiles et périssables. Les galaxies où naissent et meurent toutes les étoiles, les fleurs et les poèmes, sont un peu plus stables, mais bien cruelles et dangereuses avec un grand cœur noir.

Les univers sont des géants. Leur temps n'est pas le nôtre. Ils sont si vastes et croissent si longtemps qu'on finit par y trouver tout, comme chez Walmart.

Il y a évidemment beaucoup plus grand que l'univers, mais tout cela est tellement loin et un si grand mystère, comme pour ce lointain Tashkanistan.

Qui s'en soucie, mais qui s'en soucie vraiment?

le fou de bassan

Les hommes plongent dans le travail comme
le fou de Bassan plonge dans les eaux noires
du Saint-Laurent; sans hésiter, le corps tendu
vers son repas, concentré à se gaver, à se remplir.
L'homme qui mange!

Le soleil se lève ce matin, derrière un kilomètre
de nuages. Sa présence, une lente lumière,
presque grise et, extrêmement silencieuse.

La vie ne donne du plaisir que là où ça lui sert.
Et pour cela, je triche...

it ain't over till the...

La chanteuse s'appuie sur un vieux mode classique
et nous lance au visage son âme de chanteuse.
Là, dans la nuit la plus vieille.

Tout ici est vieux. Tout. La chanteuse est faite
de chairs improvisées, du souffle des volcans
et de carbone recyclé. Du neuf avec du vieux.

La nuit est parfaitement chaude, une nuit de poésie
qui sait porter avec pompe et respect cette âme que
la chanteuse nous offre, comme si c'était le cœur
même de la nuit qui nous en chantait une.

mort ou vif

Puis, j'ai guéri.

Me revoilà parmi les vivants; un peu décalé devant ce vide qui était presque le mien.

Mon absence éternelle s'était vite installée, sans déranger.

J'aime la liberté du sursis. Rien à faire, rien à prouver.

Je ne suis plus là, et vous ne l'avez même pas remarqué...

arrivera n'arrivera pas

Ma journée d'hier est tombée comme un journal,
ou une écaille; une vieille chose, à oublier,
utile à personne.

Dans les poussières de la route, moribonde,
agonisante, une journée, vidée de son contenu.
Quelques points forts, plus lumineux, luisants
encore contre un fond déjà presque noir.

J'ai regardé mes p'tits paquets. J'ai transporté ce
que j'ai pu, avec l'énergie qu'il me restait. Les petites
choses que je voulais garder pour aujourd'hui.
Je l'ai laissée mourir sans regarder, passons, fini.

nature morte

Sur le plancher de l'atelier, taché de mille couleurs, gît un peintre. Mort. Presque invisible.

Étendu là, une tache parmi les taches, son pinceau à la main, ses tableaux accrochés, partout, appuyés contre les murs.

Couché, sarrau ouvert, sur une blessure d'où coule un sang d'un rouge de tous ces rouges qui se mêlent aux poussières.

rouge bouche

Le rouge qui chante, tête légère, rouge sang, rouge de toutes les frayeurs. Le rouge pivoine qui danse et parle trop et qui raconte n'importe quoi pourvu qu'on l'écoute, qu'on le regarde sur ses belles jambes, dans sa jolie robe.

Rouge tango avec son odeur de sexe.

Courageux malgré ses failles, il tient le fort, jusqu'au dernier survivant, et il n'hésite pas à mourir pour sauver le temps qui passe.

Collé comme un velcro.
Au présent partout sur sa peau.

le silence de la poubelle

Quelqu'un a mis le feu à la poubelle.

Ce qu'il en reste est là, brûlé, fondu, une coulée noire sur le trottoir; une vomissure de mauvais ange.

Petit vandalisme étrange, comme un cri, silencieux d'impuissance...

le temps ici

Les journées s’allongent, les nuits s’envolent,
s’assemblent, se désassemblent.

Vingt-quatre heures réparties selon les saisons.
Petits modules en noir et blanc.

Le temps, ici, arrive ainsi.

miss météo

Ce qui restait de ton ouragan est arrivé tel que tu l'avais prédit : au milieu de la nuit. Un peu de vent, beaucoup de pluie, dans la grande noirceur à quatre heures du matin.

Le monstre fatigué, s'épuisant à chaque nouveau kilomètre.

Tu dormais, et ton souffle régulier en disait long sur cette tempête finie, fourbue par son long voyage à travers le continent.

Elle arrivait sans lames, sans fusil et, au lieu de te réveiller, a bercé ton sommeil…

élémentaire mon cher

Ma méthode mène au vide. En autant qu'on ne perde pas de temps ni ne gaspille l'élan.

Le jeu est serré et la lumière froide donne l'impression d'avancer. Tout est là. L'impression de mouvement. La non-sensation. Cette anesthésie totale de l'air quand le silence est parfait et, pourtant, là, partout, tout, dans ses plus petites parties, bouge.

sel et sucre

Ce sel est un sel de mer. Il est l'eau, le soleil et le temps. Il a passé à travers ton corps miraculeux, tes cellules et tes veines, dans les rondeurs de tes muscles.

Le voilà redevenu une trace blanche, une lumière au coin de ton œil, l'émotion de la terre…

mmm…

L'automne pose maintenant sa corne d'abondance sur la table. Que montent les parfums de septembre, délicieux, malgré leur capiteuse pourriture.

Depuis des semaines, les oies sauvages font des exercices de mise en forme, pendant que tombent dans les herbes longues les fruits sacrés.

Le sucre de la terre coule dans tes veines.
Tu t'es léché les lèvres; elles ont séché en y laissant une poudre sucrée fine, là, sur ta bouche. Tout est prêt, pour les derniers baisers de l'été.

serpent

La dernière fois que je l'ai vu, il était beaucoup plus grand. Vingt années plus tard, abandonné de tous, il est devenu petit et même, il est gentil.

Avant il était dangereux. Il détruisait d'un mot, des vies et des carrières. Il avait une armée de sbires, qui faisait tout pour son plaisir.

Ce soir, son pouvoir envolé, sa cruauté flétrie, qui aurait pu penser que ce gentil petit monsieur fut longtemps entouré de tous ces gens qui caressent le pouvoir.

J'avoue que, n'eut été l'éclair de venin qui a allumé un instant ses yeux de crocodile, je ne l'aurais jamais su.

miss terre

Une jolie jeune femme, petite fille d'une victime des purges d'un dictateur sanguinaire, est venue me saluer ce soir, après le concert.

On dit que l'ombre de la douleur des grands-parents se voit beaucoup trop longtemps dans les yeux de leurs petits-enfants.

amo amas amat

Tout cela est vrai : toi, les autres, la mer, impitoyablement réel. Tout cela peut être aussi très beau et peut parfois changer de forme.

Ce qui n'est pas vrai c'est : toi, moi, les autres. Au-dedans. Au-dedans c'est peut-être réel, mais c'est peut-être rien.

Au-dedans il y a l'âme. L'âme ne laisse rien après; pas de traces, pas de cendres, tout au plus un petit mouvement de la matière.

La mère de l'âme c'est la matière. La mère de la matière c'est l'énergie. L'énergie c'est l'âme, totalement âme. L'âme est la mère de l'énergie. L'âme n'est pas Dieu. L'âme est l'âme.

esscuzez-moi...

Rien dans les poches rien dans les mains, rien;
pas de compte caché, pas d'héritage anticipé,
à peine assez dans la casquette pour un petit sac
de Mac croquettes.

On ne choisit pas le rien, c'est le rien qui nous arrive.
On ne choisit pas grand-chose, c'est le pas grand-chose qui nous choisit, par la force des choses.

Quand tu arrives, il y a cinq cent mille années
d'ancêtres qui t'attendent et qui te guettent pour
te proclamer gagnant ou perdant, en partant.
Évidemment, tout est possible à ceux qui osent.
Savoir oser par contre, c'est autre chose.

Allons! Quelques sous pour le vieux monsieur et,
tous les deux, j'en suis certain, nous nous sentirons
beaucoup mieux.

comme une balle

Les anges de la mort arrivent.

Des ombres grises gonflées d'adrénaline. Le plaisir et la peur qui se confondent chez des enfants gras de Big Mac et de cinéma.

Vingt ans sonnés puis, vlan, une balle qui arrivait par là et, l'ombre tombe, ne se relève pas.

Elle devient alors une statistique; un poids mort dans un sac en plastique; un drapeau, une prière et, 1984-2004 gravé sur une pierre...

ehhh… nom de dieu

Il me vient parfois une sueur froide.

Et si, par malheur, ça ne finit pas là!

Penses-y bien avant de trop t'indigner. Si ça continue, y a des chances que ce soit pour longtemps; et si le bon Dieu est capable du chaos qui sévit sur la terre après seulement quelques milliards d'années, au ciel, éternel, on pourrait trouver le temps long.

Il est un peu comme nous le bon Dieu. Il promet,
Il promet, Il règle quelques problèmes, et puis?
Et puis, la famine et puis l'injustice et les nazis
et le cancer, les tsunamis.

Croyez-vous que d'un coup ce sera le bonheur,
éternel? Et comment croire qu'Il puisse être aussi
nul ici sur terre et ensuite parfait dans le ciel?

louis, louis

Chaque jour, la vie, dans ses plus petites parties, se dit : Aujourd'hui, je suis ici; je composerais bien une symphonie.

Et puis, un vieil homme noir prendra dans ses mains douces une trompette de cuivre faite à la main.
Il y soufflera un long chapelet de prières à la lune et à l'amour perdu.

Cinquante années plus tard nous nous réjouirons au son de ces notes si bien et si longuement vieillies.

Chaque jour la vie, dans ses plus tendres parties, s'étire un peu et rit, comme pour se dire : En voilà une de plus, et je suis toujours en vie...

nécro nécro les vois-tu s'éloigner?

À la radio ce matin, entre deux pièces de musique, on nous annonce ta mort, subite.

Ensuite, on nous raconte un peu ta vie : les faits saillants, les grands moments, cela prend trente secondes.

Et puis, aussitôt, on reprend la suite de l'émission.

original

Malgré six milliards d'humains, il n'y a que toi qui écris à cette table. Personne ne marche où tu marches, personne ne voit la lune d'où tu la vois.

Tout ce que tu fais, tout ce que tu écris, tout ce que tu penses et tout ce que tu dis, n'a jamais été fait écrit pensé ou dit, de là où tu l'as fait écrit pensé et dit et, fort probablement, même pas près d'ici.

Pourtant, quand tu pleures et quand tu cries, c'est dans un vide où il y a un silence, mais tellement immense que même les étoiles, quand on y pense, explosent en ne faisant aucun bruit.

sur la piste des ancêtres...

Imaginez un marais florissant, hors du temps, bien avant nous, et qui produit un centimètre de détritus à chaque automne, pendant un million d'années. Effectivement, dix kilomètres! Cela n'est qu'un petit million d'années dans les milliers de millions qu'a notre planète.

Il est quand même étonnant de retrouver les empreintes de pas de notre très, très lointaine ancêtre tante Lucie. Et cela, un million d'années plus tard.

Comme il le fait aussi pour l'argent, le hasard déplace les poussières, inégalement...

zidâme

Octobre, déjà vieux, s'écroule sous les feuilles.

Oui, non, pas mal, pas d'âme, le vent du nord joue du tamtam.

Des gros dindons sauvages et noirs tarentellent dans le pré. Une oie perdue appelle, cherchant les siens dans un ciel bleu immense; elle file vers le nord, seule.

Oui, non, pas mal, pas d'âme, comme un boulet de Zinédine Zid*âme*.

Une femme affolée hurle son désespoir : On tue mes enfants, on tue mes enfants!

Mais c'est la saison, et depuis longtemps ma chère dame, pas vraiment de quoi en faire un mélodrame.

Oui, non, pas de mal, pas de drame et surtout revenez plus tard pour les larmes.

lentement

Elle s'éloigne maintenant. Le sentier qu'elle suivra est un sentier de brume. Elle ne se retourne presque plus, regarde à peine vers nous; les mots qui lui restent nous arrivent de loin.

L'âme s'éteint lentement; quelques sursauts de vigueur, des sourires tristes et des débuts de phrases qui s'évanouissent.

Il nous restera l'enveloppe, si pleine d'amour, chaude, vivante, et le sourire. Les traces de ses pas sont là, partout. Elle est passée par ici si souvent, et pourtant, personne n'a su la retenir...

l'aube

Derrière il y a la plaine. Rien à signaler de ce côté. L'ennemi se repose.

Si une vieille corneille, planant confortablement dans son ciel, aperçoit tout en bas un morceau de choix, elle hésitera, avant de plonger. Elle connaît les pièges.

Le matin est immensément calme. Mon voisin est à un kilomètre et je l'entends parler à son chien.

C'est une bête sournoise. Elle ne jappe jamais.

embuscade

On m'avait posté en hauteur avec la mission d'abattre les vies que je verrais passer. Je visais juste, et nombreuses furent les âmes qui s'envolèrent, libérées par mes longues balles. Je le faisais sans émotion, à peu près convaincu de l'inexistence de Dieu.

Il est trop tard pour eux maintenant et ma peau est devenue dure. Mon cœur est un bunker.

Sous la peau il y a tout un réseau de sang, de chair et d'âme, entremêlés. Tout près du cœur coulent des fleuves d'émotions grises comme les ciels de mars.

sur la mer mé mé...

Un petit chalutier qui sent bon le poisson, traverse la baie, émergeant en fantôme d'une pittoresque brume faite des gaz de l'autoroute.

Ils descendent par les rues, jusqu'au port.

Les goélands tournent et planent, lentement, au-dessus du miroir souillé de la petite baie.

Ces goélands n'ont aucune mémoire historique.
Ils vivent, en ce moment, une très longue préhistoire.

Ils commenceront à écrire bien après que nous, nous aurons fini de mourir.

midi

Des grosses guêpes noires ont construit un nid, sous les combles, près de la porte. Des bêtes préhistoriques, aux armes terribles. Elles tournent et menacent.

Je me suis couvert de la tête aux pieds et, quand le soleil eût franchi son zénith, je les ai prises de face, mon poison plus terrible que le leur.

Elles sont tombées, petites choses dures et chaudes, sans bruit, dans les herbes profondes.

menteur

Nous mentons tous, avec aplomb.

Pour les raisons que tu sais, tu le fais tous les jours.
Le pape aussi, le président, ton père sans doute,
et pourquoi pas, probablement ta mère.

La vérité, surestimée? Ne nous formalisons pas trop.
Rien ni personne n'est vraiment ce qu'il prétend,
ni même ce qu'il espère.

tu es terre

Vieux loup, un jour, j'irai mourir sur la plaine.
Je m'éloignerai de tout, gardant les yeux au ciel.
La nuit sera si claire qu'on pourra voir bien au-delà
des étoiles, et jusqu'au fond de l'univers.
C'est de lui que je viens, vers lui que je retourne.
Ma poussière, poussière interstellaire.

Quand viendra l'heure où je ne pourrai plus,
je ne serai pas malheureux de quitter cette terre
pour redevenir terre.

L'envers de l'envers de l'envers...

Imprimé au Canada par Friesens Corporation
sur du papier 50 % recyclé et certifié FSC®.

FSC
www.fsc.org
MIXTE
Papier issu
de sources
responsables
FSC® C016245